LA SEIGNEURIE & L'ÉGLISE

DE

CHAMPCUEIL

Arrondissement de Corbeil (Seine-et-Oise)

PAR

Albert LEFÈVRE

FONTAINEBLEAU

E. BOURGES, IMPRIMEUR BREVETÉ

32, rue de l'Arbre-Sec, 32.

—

1884

LA SEIGNEURIE & L'ÉGLISE

DE

CHAMPCUEIL

LA SEIGNEURIE & L'ÉGLISE

DE

CHAMPCUEIL

Arrondissement de Corbeil (Seine-et-Oise)

PAR

ALBERT LEFÈVRE

FONTAINEBLEAU

E. BOURGES, IMPRIMEUR BREVETÉ

32, rue de l'Arbre-Sec, 32.

--

1884

A

MADAME CHARLES LEROY

Hommage respectueux.

Albert LEFÈVRE.

CHAMPCUEIL

HAMPCUEIL est une commune de l'arrondis-
sement et du canton de Corbeil, dont la
population ne dépasse point 550 habitants. Mais son territoire est très étendu :
1,635 hectares. Les hameaux de Beauvais et de Loutville en dépendent.

Il est situé au pied d'une chaîne rocheuse dont les
grès ressemblent à ceux de la forêt de Fontainebleau
et qui est indubitablement l'un des prolongements
de cette formation géologique. A deux kilomètres du
village, dans la direction de Nainville, on rencontre
un superbe massif de rochers qui n'a rien à envier
aux plus belles gorges de la célèbre forêt.

Champcueil faisait autrefois partie du Hurepoix,

---

1. *Dictionnaire géographique, historique et politique des Gaules et de
la France*, tome II, Amsterdam, 1764.

selon l'abbé Expilly[1], du Gâtinais, selon Girault de Saint-Fargeau[1].

On y remarque un château moderne à l'entrée même du village. L'importance des bâtiments qui le composent, à la suite d'agrandissements successifs, la variété de ses aspects, sa riante situation au pied de gracieux coteaux, son vaste horizon de plaines fertiles et de bois giboyeux, préviennent immédiatement en sa faveur et assurent par avance à ses hôtes une réception aussi cordiale que confortable.

Au hameau de Loutville se trouve le château du Buisson, ancienne résidence d'une famille noble dont nous parlerons plus loin. C'est une construction basse, n'ayant qu'un étage, et dont le mérite principal, aux yeux de ceux qui ne recherchent que la valeur artistique d'un édifice, est son âge vénérable.

Par contre, Champcueil possède une église aussi ancienne que remarquable, construite dans le style ogival et dont la fondation remonte au commencement du XIIIe siècle, si ce n'est même à la fin du XIIe. L'importance et la beauté de ce monument nous ont déterminé à en rechercher l'origine et à en écrire l'histoire.

Nos recherches n'ont malheureusement pas été couronnées d'un succès aussi complet que nous l'espérions. Mais nous n'aurons pas perdu notre temps

---

1. *Dictionnaire des communes de France*, Paris, 1844.

ni trompé la confiance de nos lecteurs, si nous atteignons le second but que nous nous sommes proposé : attirer sur l'église de Champcueil l'attention de ceux, de plus en plus nombreux, qui s'intéressent à l'étude et à la conservation des vestiges de cet art national par excellence, l'architecture du moyen âge.

Près d'une pièce de terre que le cadastre appelle « le Couvent » se trouve un pan de mur caché dans un épais buisson, dernier reste d'une chapelle dédiée à saint Thibault et tombée en ruines au commencement de ce siècle. Nous consacrerons quelques lignes à cette chapelle.

I

RENSEIGNEMENTS HISTORIQUES SUR CHAMPCUEIL
ET SES ENVIRONS

E territoire de Champcueil faisait partie du comté de Corbeil. Ce comté, qui dépendait du domaine du Roi de France, fut compris dans le douaire assigné à plusieurs Reines, notamment dans celui de Blanche de Castille, lors de son mariage avec Louis, fils aîné de Philippe-Auguste, en 1200.

La Reine Blanche, pendant et après la minorité de son fils, fit de fréquents séjours à Corbeil. Elle y fit bâtir plusieurs églises, facilita les acquisitions du clergé dans les environs et fonda, sur les ruines d'un ancien couvent, un monastère destiné à recevoir de pauvres filles orphelines, « lesquelles, dit un vieil auteur, ne pouuaient trouuer party à se marier, à cause que la plus grande partie de la noblesse française s'en allait guerroyer en la Terre sainte, d'où peu reuenaient en leur païs ». Elle le fit nommer *la Lys*, le soumit à la règle de Citeaux et le « dotta de bonnes rentes et héritages ».

Saint Louis aimait beaucoup son comté de Corbeil et, à l'exemple de sa mère, y fit bâtir un grand nombre d'églises, de monastères et hospitaux « qu'il fournit plantureusement de moyens et commoditez pour le viure et nécessitez des personnes employées à déseruir ces lieux de piété et de déuotion ».

Le douaire de Marguerite de Provence, femme de saint Louis, comprenait les comtés de Corbeil, La Ferté-Aleps, Melun, etc., et leurs dépendances.

Celui de la Reine Clémence, veuve de Louis le Hutin, qui lui fut assigné après la mort de son mari par Philippe le Long, son beau-frère, consistait en 25,000 livres de rente en fonds de terre situés dans les comtés de Corbeil, Melun, Moret, Montargis, Nemours et autres terres du Gâtinais. Cette assignation fut faite par lettres patentes en date de .... 1318, en exécution desquelles des commissaires dressèrent un état du domaine de Corbeil et déposèrent en la Chambre des Comptes, à Paris, un procès-verbal énumérant tous ceux qui relevaient leurs fiefs du comté de Corbeil, et les droits de justice dont ils jouissaient.

La Reine Blanche, sœur du Roi de Navarre, veuve de Philippe de Valois, est la dernière dont le douaire ait été assigné sur Corbeil.

Henri II aimait beaucoup ce comté. « Son humeur douce et facile, dit Jean de la Barre[1], le portait naturellement aux récréations joyeuses, et principalement à la chasse, où il se récréait souvent dans les bois et forest compris en la chastellenie de Corbeil, non

---

1. *Les Antiquitez de la Ville, Comté et Chatelenie de Corbeil*, de la recherche de Mr JEAN DE LA BARRE, ci-devant prévôt de Corbeil. — Paris, 1647.

guère esloigné de Fontainebleau qu'il affectionnait sur toutes ses maisons pour auoir esté le lieu de sa naissance, et d'autant que les bois et buissons du Gastinois et Hurepoix, compris en la chastellenie de Corbeil, recoiuent d'ordinaire les bestes fauves, rousses et noires, qui s'échappent de la forest de Bierre et circonvoisines. »

Par un édit en date du 10 janvier 1549, il étendait les limites de la gruerie[1] de Corbeil, du côté de la Brie, jusqu'au pont de Charenton, et, du côté du Gastinais, jusqu'à deux lieues ès environ tirant à Fontainebleau, à La Ferté-Aleps et à Mont-le-Héry. Cet édit, qui est le développement de celui rendu par François Ier, sur le même objet, le 10 février 1538, et aux termes duquel le gruyer ou son lieutenant « connaîtront des forfaitures ou malversations qui » se feront et commettront, tant au fait des bois, des » chasses, bêtes rousses et noires, comme à la prise » du gibier, pour en faire punition et correction telle » qu'il appartiendra et qu'il est accoutumé faire en » son détroit », porte notamment les défenses suivantes :

Défendons très expressément à tous, de quelque qualité qu'ils soient, ayant bois taillis en ladite gruerie et étenduc d'icelle, selon les limitations et compréhensions ci-dessus déclarées, qu'ils n'aient dorénavant à couper ni faire couper aucuns bois taillis sans la permission de notredit gruyer, et que lesdits bois taillis n'aient atteint l'âge de huit ans de rejet..... N'entendons

---

1. Une gruerie était le territoire confié à la garde d'un surveillant forestier nommé gruyer, mot d'origine germanique. (BRACHET, *Diction-naire étymologique de la langue française*,

toutefois en ces présentes défenses, châtaigniers pour faire cercles, qui se pourront couper à la discrétion des proprié-taires, en leur temps et saison, et y soient aucunement compris.

Pareillement expressément prohibé et défendu, prohibons et défendons à toutes personnes, soit les seigneurs propriétaires desdits buissons et autres quelconques qu'ils soient, qu'ils n'ayent dorénavant à chasser ne faire chasser en iceux bois, buissons, aux bêtes rousses et noires, ne y courir et faire prendre lièvres, perdrix, ni autre gibier, si n'était les gentils-hommes qui en personne pourront courir le lièvre en leurs propres terres, hors les bois et buissons, et voler perdrix seu-lement, sans que lesdits propriétaires ne autres puissent, ne soient si osés ni hardis de faire chasser aux plaines depuis..... jusqu'à....., et pour ce que, d'autre côté, les bêtes de nosdites forêts de Bière se retirent en l'autre forêt et buissons voisins et prochains d'icelle, sçavoir en ceux qui sont près Moret, en ceux de Barbeau et de Molesme, du seigneur de Malvoisine, de La Chesnaye..... et que ce sont lieux où Nous allons le plus souvent, étant ici, prendre notre plaisir et délectation à la chasse, désirant singulièrement la conservation des bêtes et gibier y étant, Nous voulons, ordonnons et nous plait que semblables défenses que dessus soient faites, publiées et ob-servées en iceux bois, forêts et buissons quant au fait des chasses et coupe des taillis[1].....

Après avoir résumé cette manifestation draco-nienne du bon plaisir du Roi, Jean de la Barre dit que « ce qui lui semble de plus rude », c'est la dé-fense aux propriétaires de chasser sur leurs propres terres, et il ajoute, avec une résignation mélancolique que nous ne pouvons nous empêcher d'admirer : « Si ces ordonnances ne sont fondées ni en droict commun ni en droict divin, et contrarient au droict de la nature,

---

1. Cet édit est rapporté dans le *Code des chasses*, ꝑe édition. Paris, 1761, tome II, p. 122 et suiv.

néantmoins elles se trouvent pratiquées par la plus grande partie des seigneurs de la terre, à la volonté desquels résister c'est vouloir, avec les géans, escalader le Ciel ! »

Si le commencement du xvi⁰ siècle a été dur pour les propriétaires de Champcueil et des autres lieux dépendant du comté de Corbeil, la fin en a été néfaste pour la généralité des habitants, et les ancêtres des familles originaires de Champcueil ont certainement joué un rôle tantôt actif, tantôt passif, mais toujours pénible dans quelques-uns des épisodes des guerres de religion qui ont ensanglanté la France à cette époque.

Le 13 novembre 1562, le prince de Condé, à la tête de l'armée des protestants, « vint planter son camp ès environs de Corbeil, sous l'assurance que ceux de son party lui auaient donné de lui liurer la ville, à la charge d'estre espargnée du sac et du pillage ». Un détachement arriva devant la ville dans l'espérance de s'en emparer par un coup de main. « Mais l'un des escheuins qui se trouua à la porte abbatit promptement le tapecul qui fit visage de bois aux ennemis, et les arquebusiers, qui estoient sur les murailles de la ville, contraignirent les protestans de se retirer au gros de l'armée qui se logea aux villages circonvoisins sçavoir : l'avant garde à Essonne, la bataille à Saint-Fargeau, l'arrière garde à Ballancourt, et, pour dire en un mot, il n'y eut village sur le Gastinois qui ne fust rempli de gens d'armes[1] ».

Le prince de Condé renonça bientôt à un siège

---

1. JEAN DE LA BARRE, ouvrage cité plus haut.

inutile pour se diriger sur Paris, suivi par le maréchal de Saint-André qui commandait l'armée royale, campée également aux environs de Corbeil, mais du côté de la Brie. De la Barre nous fait connaître dans quel état les deux généraux laissèrent la contrée : « Le seiour des deux armées, l'une en Gastinois, l'autre en Brie, fut cause que tout le territoire de la chastellenie de Corbeil fust détruit et désolé, encores plus du côté du Gastinois, où il ne demeura aucun arbre fruitier debout ny maison auec sa couuerture ».

Dans les années qui suivirent cette dévastation, nous ne rencontrons aucun événement qui ait pour théâtre la contrée qui nous occupe. Nous n'avons à signaler que cette circonstance : Maurevert (ou Maurevel), qui assassina Coligny en 1572, était seigneur de Malevoisine.

En 1587, une armée composée d'Allemands et de Suisses avait envahi la France pour secourir les huguenots. L'auteur que nous avons souvent cité, dont la monographie atteste des recherches si étendues, et à qui sa fonction permettait d'étudier des documents aujourd'hui détruits pour la plupart, nous fait connaître au sujet de cette invasion, un détail qui rentre directement dans notre sujet. « Pour s'opposer à cette armée estrangère, dit-il, il se fit en France de grandes leuées de gens de pied et de cheual. Le seigneur d'Alincourt, fils unique de Monsieur de Villeroy, mit aux champs une compagnie de gens d'armes, tirée de la noblesse du Vexin, et leua une compagnie d'arquebusiers à cheval, par l'entremise du sieur de Bisemont, gentilhomme d'ancienne noblesse, qui a sa maison[1] au village de Chancueil, en la chastellenie de Corbeil. Comme les Allemands s'auançaient deuers Paris, le sieur de Bisemont et ses arquebusiers furent mis dans Corbeil, où ils demeurèrent iusques à la défaite d'Auneau, où la cavalerie allemande fut taillée en pièces par Monsieur de Guise, et le Roy renuoya les Suisses et Lansquenets en leur païs. »

Cet épisode n'est point le dernier qui puisse nous intéresser pendant le xvi⁰ siècle. A peine commençaient à s'effacer les traces et les souvenirs lugubres que l'année terrible de 1562 avait laissés dans notre contrée, qu'un nouveau désastre fondait sur elle. En 1590, le duc de Parme, que Philippe II avait envoyé en France soutenir le duc de Mayenne dans ses derniers efforts pour empêcher le Roi de Navarre de devenir Henri IV, s'était emparé de Corbeil. « Il y séjourna trois semaines, tant pour reposer ses gens fatiguez que pour leur donner moyen de s'enrichir, estant maistres de la campagne, ils enleuèrent tous les bestiaux, vins et grains de la Brie, du Gastinois et de la Beausse ; ils fouraient tout dedans leurs grands chariots et le portaient vendre à Paris bien chèrement, et le plat païs demeura vuide et nettoyé au ballet ; il n'y resta aucuns viures ni commoditez,

---

1. Le château du Buisson, acquis le 1er mai 1471, par Mathieu de Bizemont, descendant d'une ancienne famille de Picardie à laquelle aurait appartenu Louise de Bizemont, gouvernante d'Isabelle, sœur de saint Louis. Mathieu de Bizemont avait quitté son pays, dévasté pendant les guerres contre les Anglais, pour venir s'établir dans le bailliage de Melun, où il justifia de sa noblesse en produisant une sentence de la prévôté de Montreuil en date du 10 janvier 1459. Il devint seigneur d'une partie de Loutville et de Mondeville. *(Dictionnaire de la Noblesse,* par DE LA CHESNAYE-DESBOIS.)

sinon en bien peu de bourgades et maisons du party. »

Ces rares exceptions ne durèrent point. Le duc de Parme parti, Corbeil fut repris par le seigneur de Givry, qui commandait les troupes royales dans la province, et Henri IV en confia la garde au seigneur de Treigny. Mais la grande difficulté pour la garnison était de se procurer des vivres. « Cela les contraignit d'aller visiter les maisons, villages et bourgs circonvoisins, et après qu'ils eurent consommé ce qu'ils auaient trouué à Villeroy, Couldray et autres lieux voisins, ils furent, le jour des Rois, surprendre le bourg de Chastres et, après, la maison de Leuuille; de ces deux lieux ils enleuèrent tant de grains, vins, bestiaux et autres commoditez, que depuis rien ne leur manqua. »

Cette fois Ligueurs et partisans de Henri IV étaient traités sur le pied de la plus complète égalité : une même règle, le pillage; un même résultat, la ruine.

Au point de vue judiciaire, Champcueil dépendait, comme aujourd'hui, de Corbeil. La Pancarte du Chastelet de Paris, dressée au commencement du xvii⁰ siècle, est ainsi conçue en ce qui touche la chatellenie de Corbeil et les localités qui environnent Champcueil.

Ce sont les noms des villes et villages de la chastellenie de Corbeil, appartenans, sortissans, subiects et iusticiables, venans respondre à l'Auditoire du Roy, nostre sire, à Corbeil.
A sçauoir du costé de la Beausse :
COULDRAY, paroisse et village duquel maistre François Tronçon, correcteur en la Chambre des Comptes à Paris, est

seigneur, et y a droict de haute, moyenne et basse justice, au ressort de Corbeil;

AUUERGNAUX, paroisse et village siz sur le chemin de Lyon; il dépend de la commanderie de Saulsoy, où l'on exerce moyenne et basse justice, au ressort de Corbeil;

PORTES, petit village et paroisse dépendant du marquisat de Villeroy;

CHANCUEIL, village et grande paroisse ioinie à Villeroy; toutesfois les village et hameau de Louteuille et du Buisson, sont de la justice de Corbeil;

BEAUVAIS, hameau de la paroisse de Chancueil, où la poste a esté establie pour le chemin de Lyon, il est du marquisat de Villeroy;

MONCELETS, ferme et hameau sont de la même teneure que le précédent;

MONDEVILLE, gros village et paroisse, remplie de petite noblesse; il dépend de l'abbaye de Port-Royal, auec toute justice au ressort de Corbeil;

CHEUANNES, paroisse et village dont une partie est de la justice de Corbeil, l'autre de Villeroy;

BALLANCOURT, paroisse et gros village que le chapitre de Saint-Spire a transporté au seigneur de Villeroy;

VILLEROY, beau chasteau érigé en marquisat qui a esté composé des fiefs et villages dont les noms s'ensuiuent : Beauvais, Menecy, Fontenay, Noisement, Maleuoisine, Crèue-Cœur, Lapadole, Quinete, Messis, Chancueil, Mouceles, Moutils, Boulon, Chupin, La Couldraye, Villefeu, Montigny, Bataille, Ormoy et autres fiefs et terres, tous lesquels vnis ensemble, portent leur foy et hommage au chasteau du Louvre, et releuent les appellations de la justice au Chastelet de Paris.

La châtellenie de Villeroy avait été érigée en marquisat, en 1615, au profit de Nicolas de Neuville, qualifié, dans le procès-verbal de la coutume de Paris de l'an 1580, de seigneur de Villeroy, *Malvoisine*,

Noisement, Crève-Cœur, Vaux-les-Essonnes, les *Moutils*, les *Moncelets* et Fontenet-le-Vicomte.

Le marquisat de Villeroy fut, à son tour, érigé en duché pairie par lettres patentes de septembre 1651, enregistrées au Parlement le 15 décembre 1663[1].

Le duché de Villeroy appartenait à la Généralité de Paris. Douze paroisses en dépendaient au commencement du xviiie siècle :

Menecy, Fontenay-le-Vicomte, Escharcon, Ormoy, Villabé et Monceaux, toutes les six de l'élection et du diocèse de Paris.

Les six autres, Balancourt, Chevannes, Champcueil, Beauvais, Portes et Auverneaux, du diocèse de Sens et de l'élection de Melun[2].

Jean de la Barre, qui a publié son ouvrage en 1647, décrit la chastellenie de Corbeil en des termes qui feraient supposer qu'il avait particulièrement en vue Champcueil et ses environs, tellement ils en reproduisent l'aspect avec exactitude.

« En ce païs, dit-il, outre les forets de bois taillis et de haute fustaye, il y a de longues plaines et vallons propres au labourage, pour le rapport de toutes sortes de grains, légumes et fruicts. Les cotaux sont tous plantez de vignes; et des lieux plus aspres il se tire des pierres molières et des grès; il y a aussi des pierres tendres faciles à conuertir en chaux; ces cotaux empeschent les débordements de rivières; les

---

1. Nous avons trouvé, aux Archives nationales, un certain nombre d'hommages et aveux indiquant les noms des seigneurs de Champcueil antérieurs au duc de Villeroy. Nous les avons reproduits en appendice.

2. CHALIBERT DANCOSSE, *Description de la Généralité de Paris*, 1710. — Abbé LEBEUF, *Histoire du Diocèse de Paris*, 1757, tome XI.

vallées et basses plaines seruent de prairies, d'où il se leue des foins à milliers.

En cette contrée il ne manque rien qui soit nécessaire à la vie humaine : l'on y récolte des bleds, auoines, orge, pois, febues et toutes autres sortes de grains; des pommes, poires, pesches, noix et autres fruicts. Il y croist des vins blancs et clairets à foison; il s'y trouve force bestes fauves, noires et rousses; quantité de gibier à la plume, et au poil; ce qui a incité nos Rois d'en faire une grurie, qu'ils appellent le plaisir du Roy, dont la garde est commise au capitaine de Corbeil.

» Nonobstant toutes ces commoditez le peuple y est pauvre, à cause que la plus grande partie des héritages sont aux ecclésiastiques, ou bien aux bourgeois de Paris, excepté quelque peu de noblesse esparse par la campagne.

» Quant à la manufacture, il ne s'y en fait point par la nonchalance du peuple, il s'y débite aussi peu de marchandise, à cause que tout va à Paris.

» Les habitants qui jouissent de quelques héritages, ont moyen de subuenir à leurs nécessitez; ils passent le temps le plus joyeusement qu'il leur est possible, sans chagrin. »

Ce tableau est enchanteur. C'est une idylle qui fait suite aux scènes de dévastation qui ont marqué le siècle précédent. Il nous montre néanmoins la pauvreté comme le caractère le plus accusé de l'état social de notre contrée et l'attribue à cette circonstance que le paysan n'avait que de rares accès à la propriété. Il ne cultivait ce sol si fertile que pour le compte d'autrui. Aussi est-il vraisemblable que la pauvreté du commencement du siècle s'était transformée en misère à l'époque (1689) où La Bruyère écrivait ces lignes : « L'on voit certains animaux farouches, des mâles et des femelles, répandus par la campagne, noirs, livides et tout brûlés du soleil, attachés à la terre qu'ils fouillent et qu'ils remuent avec une opiniâtreté invincible. Ils ont comme une voix articulée, et, quand ils se lèvent sur leurs pieds, ils montrent une face humaine; et en effet ils sont des hommes. Ils se retirent la nuit dans des tanières où ils vivent de pain noir, d'eau et de racines. Ils épargnent aux autres hommes la peine de semer, de labourer et de recueillir pour vivre, et méritent ainsi de ne pas manquer de ce pain qu'ils ont semé[1]. »

M. Taine, qui cite ce passage, ajoute : « Ils en manquent pendant les vingt-cinq années suivantes et meurent par troupeaux; j'estime qu'en 1715 il en avait péri près d'un tiers (six millions) de misère et de faim. Ainsi, pour le premier quart du siècle qui précède la Révolution, la peinture, bien loin d'être trop forte, est trop faible, et l'on va voir que pendant un demi-siècle et davantage, jusqu'à la mort de Louis XV, elle demeure exacte; peut-être même au lieu de l'atténuer, faudrait-il la charger[2]. »

Cette misère générale était certainement aggravée sur les territoires boisés comme celui de Champceuil[3],

---

1. *Les Caractères ou les Mœurs de ce siècle.* — De l'Homme, § 128.

2. *Les Origines de la France contemporaine*, tome Ier. — L'ancien régime, page 429.

3. Au commencement de ce siècle, les bois en couvraient une étendue plus grande qu'aujourd'hui. Les terres qui entourent les ruines de la chapelle de Saint-Thibault n'ont été défrichées qu'à cette époque, sur une superficie d'environ 10 hectares 54 ares 51 centiares 1/2.

par les dévastations et les vexations résultant du droit de chasse. M. Taine dit à ce sujet : « Reste un point, la chasse, où la juridiction du seigneur est encore active et sévère, et c'est justement le point où elle se trouve la plus blessante. Jadis, quand la moitié du canton était en forêts et en friches et que les grosses bêtes ravageaient l'autre moitié, il avait raison de s'en réserver la poursuite ; cela rentrait dans son office de capitaine local. Il était le grand gendarme héréditaire, toujours armé, toujours à cheval, aussi bien contre les sangliers et les loups que contre les rôdeurs et les brigands. A présent que du gendarme il n'a plus que le titre et les épaulettes, il maintient par tradition son privilège, et d'un service il fait une vexation. Il faut qu'il chasse et soit seul à chasser ; c'est pour lui un besoin du corps et en même temps un signe de race. Un Rohan, un Dillon courent le cerf, même quand ils sont d'Église, malgré les édits et malgré les canons. Vous chassez beaucoup, monsieur l'évêque, disait Louis XV à ce dernier ; j'en sais quelque chose. Comment voulez-vous interdire la chasse à vos curés, si vous passez votre vie à leur en donner l'exemple? — Sire, pour mes curés, la chasse est leur défaut ; pour moi, c'est le défaut de mes ancêtres. — Lorsque l'amour-propre de caste monte ainsi la garde autour d'un droit, c'est avec une vigilance intraitable. A cet effet, leurs capitaines de chasse, veneurs, gardes forestiers, gruyers, protègent les bêtes comme si elles étaient des hommes et poursuivent les hommes comme s'ils étaient des bêtes[1]. »

---

[1] *Loc cit.*, p. 71.

Sous l'ancien régime, en effet, la chasse était avant tout un plaisir et, par suite, un droit royal. Le droit des nobles eux-mêmes, et sur leurs propres terres, était sévèrement réglementé, de façon à ce qu'il ne portât pas une atteinte, même lointaine, à celui du Roi. L'ordonnance sur les eaux et forêts, de 1669, s'exprime ainsi[1] :

Art. XIV. — Permettons néanmoins à tous seigneurs, gentilshommes et nobles *de chasser noblement à force de chiens et oiseaux*, dans leurs forêts, buissons, garennes et plaines, *pourvu qu'ils soient éloignés d'une lieue de nos plaisirs;* même aux chevreuils et bêtes noires *dans la distance de trois lieues.*

Art. XVII. — La liberté de tirer en volant, *à trois lieues de distance de nos plaisirs*, ne sera que pour les seigneurs, gentilshommes, nobles ou seigneurs des paroisses.

Relativement aux propriétaires non compris dans ces catégories, la même ordonnance porte :

Art. XXVIII. — Faisons défense aux marchands, artisans, bourgeois et habitants des villes, bourgs, paroisses, villages et hameaux, paysans et roturiers, de quelque état et condition qu'ils soient, non possédans fiefs, seigneurie et haute justice, de chasser en quelque lieu, sorte et manière, et sur quelque gibier de poil ou de plume que ce puisse être; à peine de cent livres d'amende pour la première fois, du double pour la seconde, et, pour la troisième, d'être attachés trois heures au carcan du lieu de leur résidence, à jour de marché, et bannis durant trois années du ressort de la maîtrise; sans que pour quelque cause que ce soit, les juges puissent remettre ou modérer la peine, à peine d'interdiction.

Le droit de chasse réservé à certaines catégories

---

1. Titre **XXX**, *des Chasses.*

de privilégiés, les pénalités édictées par les ordonnances de Louis XIV et des rois, ses prédécesseurs, et appliquées avec une rigueur extrême, entraînaient, pour le surplus des sujets du Roi, des dévastations et des vexations de toute sorte, ainsi que nous l'avons vu plus haut, et contribuèrent, pour une bonne part, à attiser la haine de la nation, et surtout des habitants des campagnes, contre l'ancien régime. Aussi les arrière-grands-pères des habitants de Champcueil durent-ils accueillir avec une vive satisfaction le décret rendu par l'Assemblée nationale les 4, 5, 7, 8 et 11 août 1789, portant *abolition du régime féodal, des justices seigneuriales, des dîmes, de la vénalité des offices, des privilèges, des annates, de la pluralité des bénéfices*, etc., et dont l'article 3 est ainsi conçu :

Le droit exclusif de la chasse et des garennes ouvertes est pareillement aboli; et tout propriétaire a le droit de détruire et faire détruire, seulement sur ses possessions, toute espèce de gibier, sauf à se conformer aux lois de police qui pourront être faites relativement à la sûreté publique.

Toutes capitaineries, même royales, et toutes réserves de chasse, sous quelque dénomination que ce soit, sont pareillement abolies, et il sera pourvu, par des moyens compatibles avec le respect dû aux propriétés et à la liberté, à la conservation des plaisirs personnels du Roi.

M. le Président sera chargé de demander au Roi le *rappel des galériens et des bannis pour simple fait de chasse, l'élargissement des prisonniers actuellement détenus et l'abolition des procédures existant à cet égard*.

---

1. Rappelons, pour être juste, que ce décret, dont le principe a été acclamé dans la nuit du 4 août 1789, eut pour promoteurs deux députés de la noblesse, le vicomte de Noailles et le duc d'Aiguillon.

Rappelons aussi que cette proclamation d'un droit jusqu'alors violé produisit une réaction en sens opposé, par un effet, malheureusement trop fréquent, des passions humaines. Après avoir restitué aux propriétaires le

Dans le cours du xviii⁰ siècle, nous ne rencontrons aucun événement digne d'être noté dont Champceuil ait été le théâtre.

La Révolution amena le démembrement du duché pairie de Villeroy. Plusieurs des fiefs qui le composaient, notamment Champceuil, une partie de Noisement et des Montils, font actuellement partie du domaine de Mme Ch. Leroy. Les bâtiments d'habitation qui existaient sur le premier, et qui, transformés et agrandis, sont devenus le château actuel, la ferme qui en est voisine, ont été vendus par *M. Gabriel-Louis Neufville, propriétaire,* demeurant à Paris, rue de Bourbon, suivant acte reçu par Me Sourdeau, notaire du bailliage de Villeroy (Mennecy), le 8 novembre 1790. *M. Neufville* en était propriétaire comme héritier de François-Louis Deneufville, duc de Villeroy. Arrêté, pendant la Terreur, comme ex-noble, il périt sur l'échafaud le 28 avril 1794, à Paris. Avec lui s'éteignit le nom du trop célèbre favori de Louis XIV, sur lequel, après sa surprise et sa capture par les impériaux dans Crémone, le 1er février 1702, un satirique de l'époque avait fait le quatrain connu :

> Français, rendez grâce à Bellone,
> Votre bonheur est sans égal :
> Vous avez conservé Crémone
> Et perdu votre général.

---

droit de chasser sur leurs bois ou terres, il fallut une défense formelle, avec des sanctions pénales, pour l'interdire sur le terrain d'autrui, et rappeler la distinction du *tien* et du *mien.* C'est ce que fit l'Assemblée nationale par le Décret général des 28-30 avril 1790, qui demeura la charte du droit de chasse jusqu'à la loi du 3 mai 1844.

La Révolution fut accueillie avec enthousiasme à Champcueil, car la *Notice périodique de l'histoire de la ville et district de Corbeil*, publiée en 1792, nous apprend que cette petite commune avait versé, pour sa contribution patriotique, en 1790, la somme de 800 livres.

Pendant la tourmente révolutionnaire, Champcueil dut être heureux, car il n'a pas d'histoire.

Il n'en fut pas de même pendant la guerre de 1870-1871. Lors de l'expédition faite par la quatrième division de cavalerie prussienne de Melun à Toury, l'ennemi enlevait, à Champcueil, Avril, vieillard de 78 ans, beau-père du fermier de Malevoisine, et, après l'avoir traîné à 200 mètres, attaché à la selle d'un cheval, le hachait à coups de sabre. Il l'achevait d'une balle dans le ventre[1].

Cet assassinat n'assouvissait pas la rage de l'ennemi, qui s'acharnait même sur des objets mobiliers. Les Prussiens mirent en pièces la riche collection d'instruments d'optique qui se trouvait au château du Buisson, appartenant alors à M. Bréguet. Ces souvenirs scientifiques auraient dû trouver grâce devant les représentants armés d'une nation qui se vante de pousser plus loin que toute autre la haute culture de l'esprit. Ce jour là, après le droit, la force a primé la science.

---

1. *Tableau de la guerre des Allemands dans le département de Seine-et-Oise*, par GUSTAVE DESJARDINS; Versailles, 1873.

L'ÉGLISE

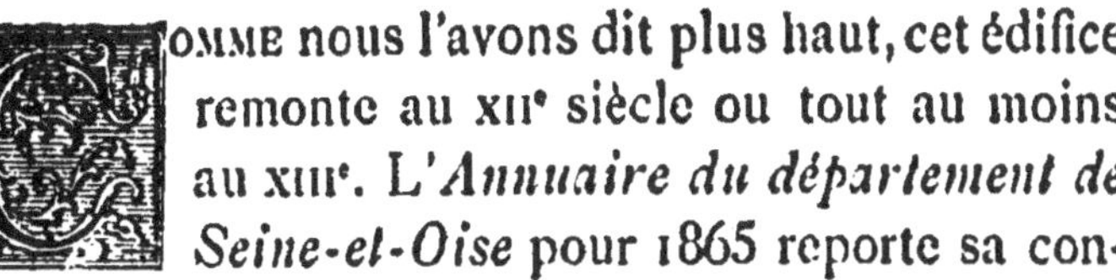OMME nous l'avons dit plus haut, cet édifice remonte au xii° siècle ou tout au moins au xiii°. L'*Annuaire du département de Seine-et-Oise* pour 1865 reporte sa construction à l'année 1011. Mais la pureté de son style, où le plein cintre ne se rencontre pas une seule fois à côté de l'ogive, nous donne la conviction que l'auteur de l'*Annuaire* a dû le vieillir de plus d'un siècle. Nous avons voulu nous enquérir auprès de lui des raisons et surtout des documents sur lesquels il appuyait son opinion, mais nous avons appris qu'il n'est plus de ce monde, et les archives de Versailles, celles de l'évêché comme celles de la préfecture, ne contiennent aucun renseignement sur ce point.

Dans un remarquable ouvrage qui a pour titre : *Pouillé du diocèse de Versailles*, l'abbé Gautier, curé de Saint-Cyr-l'École, indique la même date. Pensant que ce consciencieux et érudit chercheur avait été plus heureux que nous, nous nous sommes adressé à lui ; mais, avec une bonne foi parfaite, digne de sa science et de l'habit qu'il porte, il nous a

avoué n'avoir fait que reproduire l'indication con-
tenue dans l'*Annuaire de Seine-et-Oise.*

Jusqu'à nouvel ordre, l'historien doit donc garder
le silence et laisser la parole aux archéologues, dont
nous serions heureux d'appeler l'attention sur l'église
de Champcueil.

Extérieurement, cet édifice présente trois pignons
successifs, celui du porche, celui de la nef et celui du
chœur. Les murs formant la nef sont soutenus par
des contreforts servant de point d'appui à des arcs-
boutants. Ces contreforts étaient surmontés de pi-
nacles dont quelques-uns sont encore visibles. La
même disposition existe pour le chœur, mais l'élévation plus grande de celui-ci ayant entraîné l'exhaus-
sement des contreforts en augmentant la poussée de
la voûte qu'ils étaient destinés à contrebuter, l'ar-
chitecte, au lieu d'augmenter leur épaisseur en pro-
portion de l'accroissement de poussée, a donné aux
arcs-boutants un point d'appui intermédiaire sous
la forme d'élégantes colonnettes au chapiteau sculpté
qui en reçoivent la tête. Cette disposition, en divisant
la poussée, détruit une partie de son effet et permet
ainsi de réduire l'épaisseur des contreforts, au grand
profit de la légèreté de l'édifice. La corniche de la nef
et celle du chevet sont ornées de bandeaux sculptés
sur lesquels des têtes d'anges sont représentées. Le
clocher est planté sur la gauche de l'édifice, au point
de séparation de la nef et du chœur; en sa forme actuelle, il n'est pas très élevé, mais sa hauteur a été
manifestement diminuée lors des réparations dont il
a été l'objet et dont la plus récente, par une raison
d'économie, a consisté à le couronner par une pyra-

mide à quatre pans, construite en bois et recouverte
en ardoises, dont la forme et l'élévation ne sont certainement pas en harmonie avec le surplus de la
construction.

Le chevet, d'une forme circulaire, avec ses piliers,
ses arcs-boutants, ses colonnettes, ses gracieuses pro-
portions, est d'un aspect très élégant.

Le porche est fermé par une modeste grille en bois
dont l'ouverture a la forme d'un arc ogive. Les côtés
portent la trace d'autres ouvertures, fenêtres ou portes,
depuis longtemps bouchées.

Intérieurement, l'église comprend une nef avec
deux bas côtés qui se prolongent derrière le sanctuaire. Les chapiteaux des piliers de la nef sont
sculptés en feuillages au milieu desquels on rencontre des têtes d'anges et une tête de mort (sur le
côté droit). D'autres sculptures existent à la hauteur
des baies qui éclairaient directement la nef et qui
sont actuellement bouchées. La travée qui sépare la
nef du chœur est plus large et plus élevée que celles
de la nef.

Le sanctuaire est séparé de l'abside par des arcades
ogivales reposant sur des piliers massifs dont le style
est roman. Au-dessus règne une galerie circulaire
(*triforium*) formée par une série de colonnettes au
chapiteau sculpté et réunies par des arcs ogives qui
correspondent aux arcades du sanctuaire. Les piliers
se continuent jusqu'à la voûte en faisceaux de fines
colonnettes qui séparent les baies du triforium. Les
baies centrales sont divisées par une petite colonne,
les deux suivantes par trois, et les deux dernières
(au-dessus de l'arcade séparant la nef du chœur) par

cinq. Plusieurs fenêtres, dont la place et la forme sont très apparentes, éclairaient directement le chœur. La fenêtre centrale a seule été débouchée il y a un petit nombre d'années et garnie d'un vitrail par les soins généreux de M. Ch. Leroy, qui a fait également consolider le chevet de l'église.

Dans l'abside, on remarque de petites niches de forme ogivale dont les nervures sont finement tracées.

Les fonts baptismaux sont formés par une pierre monolithe dont les sculptures sont malheureusement bien effacées.

Sous le porche, et faisant face à la porte d'entrée de l'église, se trouve une niche renfermant une très vieille et très gracieuse statuette en bois que M. le curé de Champcueil suppose représenter sainte Julienne, patronne d'une ancienne confrérie de la paroisse[1].

Également sous le porche, on trouve plusieurs pierres tombales qui recouvrent les restes de plusieurs sires de Bizemont, seigneurs du Buisson, enterrés en cet endroit conformément à leur volonté exprimée dans les donations et testaments faits par eux au profit de la paroisse, et dont les expéditions sont encore conservées dans les archives de la fabrique avec un grand nombre d'autres.

Deux pierres tombales ont été relevées et attachées au mur du bas côté droit de l'église. La plus ancienne

---

1. Ce n'est pas la seule *image* en bois que les amateurs pourraient voir avec un vif plaisir à Champcueil. Il existe au presbytère, où elle a été portée pour mieux assurer sa conservation, une Vierge avec un Enfant-Jésus dont le modelé et l'élégance des draperies en feraient, après quelques menues réparations, une œuvre d'art digne d'un musée.

énonce le legs d'une pièce de terre aux marguilliers
de la paroisse, sous diverses charges, et porte une
épitaphe en vers, datée de 1559, qui résume les qua-
lités du testateur :

> *Cy dessoubz gist M* Iacques de Laz*
> *En son uiuât tres deuost & bon pbre*
> *Qui de bié faire à aultruy ne fust laz,*
> *Car il thuet por traicter & repaistre*
> *Sez bons h^m l'allât voir en son estre*
> *Poullez & coqz dont il ne fust onq ciche,*
> *Et si rôpait aux affamés sa miche.*
> *Nous prirons Dieu q̃ son ame droit alle*
> *Ou du grâd bié éternel sera riche*
> *Puisq son pat nespgna ne uollaille.*
>
> *1559.*

Sur l'autre pierre tombale on lit l'énumération
des legs, avec les charges qui y sont attachées,
faits aux marguilliers de la paroisse par M* André
Ravet, en son vivant notaire à Champcueil, trépassé
le 22 may 1711.

Nous avons découvert une autre pierre tombale,
probablement enlevée du porche où elle a été rem-
placée par des pavés. Elle sert de seuil à la porte
nord de l'église! Nous n'avons pas besoin d'ajouter
qu'elle est aujourd'hui brisée et presque indéchif-
frable.

A l'extérieur, sur l'un des contreforts du chevet, à
droite d'une sacristie moderne, construite aux frais
de M. Ch. Leroy, on voit une inscription dont la lec-
ture est malaisée et le sens incertain. Aussi nous
bornons-nous à reproduire, sous leur forme et dans
leur ordre, les lettres qui sont encore tracées avec

quelque netteté, en remplaçant par des points celles qui sont illisibles :

IDESAINCT PE...ANT
CMRE.. : 1628 : ION
.OC.ARPE : MASSON

Masson serait, paraît-il, le nom d'un ancien curé de Champcueil.

Les murailles et les piliers de l'église de Champcueil ont été recouverts, il y a près d'un demi-siècle, d'un enduit de chaux qui a fait disparaître les peintures qui en ornaient une grande partie. M. l'abbé Thevenot[1], qui les a vues dans sa jeunesse passée à Champcueil, a bien voulu nous remettre à ce sujet une note dont nous ne saurions mieux faire que de reproduire la partie descriptive : « L'église avait été très riche comme décoration. J'ai vu dans les bas côtés, à peu près à la hauteur des fenêtres, un bandeau noir avec des armoiries de place en place. Dans le fond de l'église, à l'endroit où se trouve la chapelle du Sacré-Cœur, on voyait une Trinité, et au-dessous les scènes de la Passion tracées en noir. La Trinité était polychrôme. Dans la nef, au-dessus de l'arcature qui fait face au banc-d'œuvre, se trouvait encore une fresque. Il en existait aussi au-dessus de la porte d'entrée. Ces fresques, cachées sous le badigeon, pourraient peut-être encore reparaître, mais celles du fond de l'église sont totalement perdues. »

---

1. Actuellement curé de Juziers, arrondissement de Mantes, et auteur d'une très intéressante notice, publiée en 1874, sur cet ancien prieuré.

Quand on contemple cette église, quand on res-
suscite par l'imagination ses peintures enfouies sous
la chaux, quand on sait qu'une portion du territoire
de Champcueil est désignée sous cette appellation :
« le Couvent », quand on a appris par de vieux mé-
moires de menuiserie, conservés dans les archives de
la fabrique, que le chœur était autrefois garni de
stalles, on se refuse à croire que cet édifice n'ait jamais été autre chose que l'église paroissiale d'un
petit village, et on se pose immédiatement cette
question : « N'a-t-elle pas été église abbatiale ou tout
au moins collégiale? »

Mais quelle était cette abbaye? A quel ordre se
rattachait-elle? Voilà ce que nous avons recherché,
mais avons eu le chagrin de ne.pas découvrir.

Ce qui est certain, c'est que l'église est simplement
paroissiale depuis plusieurs siècles, car nous avons
vu plus haut (page 12) que la Pancarte du Chastelet
de Paris, rapportée par Jean de la Barre, qualifie
Champcueil de *Grande Paroisse*.

Ce qui l'est également, c'est qu'au moment de la
Révolution aucun ordre religieux, aucune abbaye,
aucun évêché ne possédait un grand domaine à
Champcueil. La propriété y était morcelée, car le
Répertoire général des communes de Seine-et-Oise,
dans le volume qui énonce les actes de vente des
biens nationaux, ne renferme que les mentions suivantes :

11 avril 1791, vente de 19 arpents 37 perches de terre en
13 pièces, ayant appartenu à la cure (la petite prébende en
l'église de Sens), au profit de Coutault, fermier au Coudray,
moyennant 8,325 francs.

14 avril 1791, vente de 3 arpents de terre, en 3 pièces, ayant appartenu aux Dames de l'Assomption, vendus à Menet, laboureur à Champcueil, moyennant 1,425 francs[1].

14 février 1792, 2 arpents de terre, en 2 pièces, chemin de la Bigotte, ayant appartenu à la cure d'Auverneaux, vendus à Courtin, cultivateur à Beauvais, moyennant 1,025 francs.

21 septembre 1792, 5 quartiers environ de prés, prairie de Champcueil, ayant appartenu aux Célestins de Marcoussis, vendus à Clozeau, vigneron à la Ville-du-Bois, moyennant 1,375 francs.

---

1. Ces religieuses, Haudriettes d'origine — qui n'ont de commun que le nom avec la congrégation dont la maison mère est à Auteuil et la fondation remonte à une cinquantaine d'années — étaient établies à Paris, rue Saint-Honoré, et la chapelle de leur couvent était l'église actuelle de l'Assomption. Elles étaient propriétaires des pièces de terre ci-dessus et d'autres sises sur le territoire de Mondeville, en vertu du contrat de réception dans la communauté de sœur Jeanne Cousin, veuve d'Adrien Lambert, en date du 15 avril 1578. Les trois parcelles dont nous nous occupons étaient situées à Noisement. Elles avaient été acquises par Adrien Lambert, le 5 décembre 1554, et étaient chargées, envers le seigneur dudit lieu, de dix deniers tournois. Adrien Lambert les avait louées, en 1555, à raison d'un setier de bled froment (mesure de Mondeville) par année et par arpent. A la mort de sa veuve, qui s'en était réservé l'usufruit dans ledit contrat de réception (3 septembre 1585), les Dames de l'Assomption les louèrent, en même temps que les parcelles situées à Mondeville — le tout formant sept arpents un quart et six perches — à Pierre Porlier, laboureur à Mondeville, moyennant quatre setiers de bled froment (mesure de Paris) rendus en leur grenier et maison à Paris.

En 1610, lesdits arpents étaient loués moyennant six setiers de bled et un minot de pois. Mais le preneur ne pouvait satisfaire à cette obligation.

En 1621, la redevance était réduite à deux setiers de bled et un minot de pois.

En 1630, la redevance en nature disparaît pour faire place à un loyer en argent, fixé à 24 livres, et diverses charges.

En 1643, le fermage est élevé à 25 livres.

En 1696,	—	—	26	—
En 1703,	—	—	28	—
En 1755,	—	—	46	—
En 1784,	—	—	60	—

Nous avons extrait ces renseignements du registre de l'état des biens du monastère des religieuses Haudriettes, dites de l'Assomption, conservé aux Archives nationales, S., 4637.

7 septembre 1793, 2 arpents 29 perches environ de terre, en
5 pièces, lieux dits la Mare-Nutaire, Beauregard, Moquetonneau
et Noisement, ayant appartenu à la cure de Champcueil, vendus
à Bonfils, à Crosne, et Chatriot, à Yerres, coacquéreurs, moyennant 2,050 francs.

D'autres ventes eurent lieu en vertu de la loi du
28 ventôse an IV :

13 vendémiaire an V, le presbytère, le jardin et les dépendances de la cure de Champcueil sont vendus à Courtin, propriétaire, moyennant 4,320 francs.

12 brumaire an V, la chapelle Saint-Hubert (ainsi désignée
dans le procès-verbal d'adjudication : *une chapelle, dite Hubert*), à Beauvais, et 1 are 50 perches de terre en dépendant
sont vendus à Maréchal, propriétaire, moyennant 1,270 francs.

18 d°, la maison d'école et dépendances, appartenant à la
fabrique de Champcueil, sont vendues à François Hudelot,
moyennant 396 francs.

22 d°, enfin la maison du bedeau, 2 jardins et dépendances,
appartenant à la fabrique de Champcueil, sont vendus à Jean
Choron, moyennant 775 fr. 20.

Comme on le voit par cette énumération, à la fin
du XVIII° siècle, il n'y avait trace d'aucun grand domaine ecclésiastique à Champcueil. Ce qui appartenait à la cure et à la fabrique leur provenait de
donations et legs faits aux XVI° et XVII° siècles, et dont
les titres se trouvent encore, pour la plupart, dans les
archives de la fabrique.

En remontant au moyen âge, nous voyons dans
un bref du pape Alexandre III, daté d'Anagni le
26 avril 1160, que l'église de Saint-Exupère (Saint-

Spire, de Corbeil) avait sur Champceuil une prébende de moitié de la dîme[1].

Au siècle suivant, nous trouvons un legs du cinquième de son héritage, au profit de la même église, fait par un prêtre, Guillaume, de Champceuil[2]. En souvenir de cette libéralité, l'anniversaire du testateur était célébré le 28 juin de chaque année.

La plus grande partie du territoire de Champceuil constituait un fief relevant du Roi. Le plus ancien seigneur dont nous ayons pu retrouver la trace se nommait Fouques de Marcilly. D'un Aveu reproduit en appendice, qui porte la date du 22 février 1395, il résulte que des mains de Fouques de Marcilly le fief de Champceuil a passé en celles des Chartreux de Vauvert, et des Chartreux à Enguerran de Marcoignet. Mais les notes et documents que nous avons retrouvés aux Archives nationales ne mentionnent ni la date ni le mode d'acquisition par les Chartreux de Vauvert. Il semble cependant que leur possession n'ait pas été de longue durée, car le résumé de l'Aveu fait par Fouques de Marcilly contient une désigna-

---

1. . . . . *Integram medietatem decime de Chancolis et medietatem tractus ejusdem decime, sicut ipsa rationabiliter possidetis, et vobis et ecclesie vestre auctoritate apostolica confirmamus, et præsentis scripti patrocinio communimus.* (Cartulaire de Saint-Spire, de Corbeil, publié par COUARD LUYS, Rambouillet, 1882.)

2. *Littera de quinto Guillelmi de Chancolis,* 5 mai 1241. (Ibid., p. 86, LXXXIII.)

Nous avons trouvé dans les historiens du même siècle le nom de deux autres enfants de Champceuil :

Un prêtre nommé Symon figure parmi les dignitaires de l'abbaye de Bolbec. (V. *Polypticum Rotomagensis diocensis,* relaté dans le tome XXIII du *Recueil des historiens des Gaules.)* Et parmi les tenanciers du vicomte de Melun figure Gilbert, de Champceuil *(Gilbertus de Chancolis),* même recueil, tome XIII.

tion qui se rapproche sensiblement de celle dont le détail se trouve dans l'Aveu fait par Enguerran de Marcoignet. Une longue possession par les moines Chartreux eût sans doute dénaturé les bâtiments principaux compris dans le fief, en les adaptant aux besoins de la vie religieuse et aux règlements particuliers institués par saint Bruno. L'*hostel* de Fouques de Marcilly a dû conserver son aspect et son aménagement purement civil pendant la durée de leur possession et celle de leurs successeurs, jusqu'au jour où il est devenu le château actuel. Aucun document n'indique que le fief de Champcueil ait été, entre leurs mains, autre chose qu'un domaine rural. C'est sans doute le souvenir de leur passage comme seigneurs de Champcueil qui s'est perpétué par l'appellation *le Couvent*, donnée à une pièce de terre qui faisait partie du fief.

La paroisse de Champcueil dépendait du diocèse de Sens. Une charte de l'archevêque Gui, en date de 1187, confirmative de la possession de plusieurs cures en faveur de son chapitre, y ajoute entre autres celle de Champcueil, qu'il affecte, avec la cure d'Aillant, à l'entretien d'une prébende[1]. Le curé fut dès lors nommé par les chanoines de la cathédrale de Sens, sous la forme de lettres de provision dont les Pouillés du diocèse de Sens font connaître un certain nombre. Mais le curé de Champcueil et celui d'Aillant ne versaient pas très régulièrement la redevance qu'ils

---

1. Cette charte permet de fixer la fondation de l'église actuelle à la fin du XIIIe siècle.

devaient aux chanoines, car ceux-ci, à différentes reprises, obtinrent des arrêts du Parlement pour les contraindre à payer. En 1770, la petite prébende de Sens tirait de la cure de Campcueil un revenu de 900 livres[1].

Quand nous aurons ajouté que Champcueil faisait partie du Doyenné de Melun (et non de Montlhéry, comme le dit à tort l'abbé Lebeuf, dans son histoire du diocèse de Paris) et de la conférence de Saint-Sauveur-sur-École, nous aurons fait connaître tout ce que nos recherches nous ont permis d'apprendre sur l'histoire de son église[2].

---

1. Ces renseignements nous ont été communiqués par M. Quantin, archiviste du département de l'Yonne, qui a bien voulu dépouiller à notre intention les anciennes archives du diocèse de Sens, déposées, pour la plus grande partie, dans la bibliothèque d'Auxerre.

2. *Topographie ecclésiastique du diocèse de Versailles*, par DUTILLEUX, Versailles, 1874. — *Pouillé* du même diocèse, par l'abbé GAUTIER, 1876.

III

LA CHAPELLE SAINT-THIBAULT

AINT Thibault était le fils aîné de Bou-
chard Ier, de Montmorency, seigneur de
Marly. Après avoir vécu à la cour et à
l'armée dans un grand état de sainteté,
grâce à la protection de la Vierge *(prius aulam et
militarem vitam seculus est, in quâ tamen viliorum
monstra effugit, ope singulari beatæ Virginis Dei-
parœ, quam assidue colebat')*, il prit l'habit de moine
à l'abbaye de Vaux-de-Cernay, en 1226, en devint
prieur en 1230 et abbé en 1235. Il est mort le 7 décembre 1247.

Saint Louis l'avait en grande vénération et lui avait
voué une profonde reconnaissance à la suite de l'effi-
cacité de son intercession dans les circonstances rap-
portées par les écrivains ecclésiastiques. En 1234, il
avait épousé Marguerite, fille de Bérenger, comte de
Provence. Jean de la Barre *(ouvrage déjà cité, p. 158)*
dit à propos de ce mariage : « L'un des actes les plus
remarquables de la prudence de la reine Blanche de

---

1. *Gallia Christiana*, tomes VII-VIII, col. 185 et seq.

Castille a esté d'auoir sçeu choisir pour ses fils des femmes vertueuses et conformes à leur humeur. A peine pourrait-on trouuer en l'Antiquité des mariages plus paisibles que ceux de saint Louis et de ses frères, iusques là que l'on a blasmé la reine Blanche d'estre entrée en ialousie contre la reine Marguerite, à cause de la réprimande qu'elle fit à saint Louis, de la tendre affection dont il caressait sa femme; il faut croire que cette sage femme voulait un peu retenir la bride à la concupiscence de son fils, craignant que s'amusant trop à caresser sa femme il négligeast d'auoir soin des affaires de son royaume. »

Mais le bonheur conjugal de saint Louis se couvrit bientôt d'un voile : la reine Marguerite semblait devoir rester stérile ! Aussi la pensée d'un divorce lui fut-elle suggérée, probablement par sa mère, obéissant à la fois au sentiment de jalousie que nous venons de voir attesté par l'histoire et à des préoccupations politiques analogues à celles qui, six siècles plus tard, motivèrent le divorce de Napoléon Ier d'avec Joséphine. Mais Louis IX, qui aimait tendrement sa femme, repoussa cette suggestion et fit implorer Dieu pour que la Reine devînt mère, par les prêtres et les moines les plus renommés pour leur piété. Au nombre de ces derniers se trouvait Thibault, abbé de Vaux-de-Cernay, qui exhorta le Roi à la patience et promit d'implorer Dieu. « En effet, il pria surtout pour la Reine, qui était profondément affligée. Car, si le divorce se fût accompli, c'eût été un grand scandale et un danger dans tout le royaume de France. Mais le Seigneur entendit la voix de son serviteur. La reine Marguerite devint enceinte et mit au monde un fils nommé Louis, puis un second, Philippe, qui fut roi Philippe le Hardi). Elle eut ensuite plusieurs fils et filles, par la grâce de Dieu. Elle en conçut une si grande reconnaissance pour l'homme de Dieu, qu'après la mort du pieux Roi, elle se rendit tristement aux Vaux-de-Cernay, contempla avec une profonde émotion la tombe du saint abbé, et s'agenouillant sur le sarcofage qui contient encore ses ossements, le corps prosterné jusqu'à terre, se répandit en prières et, le visage baigné de larmes, se recommanda à Dieu et à ses saints[1]. »

Quelques années plus tard, Philippe le Hardi se rendait à son tour aux Vaux-de-Cernay et se faisait raconter la vie de saint Thibault par un moine nommé Henri, qui avait conservé pour sa mémoire une profonde vénération, et résumait son jugement en ces termes : « A coup sûr, mon Seigneur Roi, je n'ai jamais connu, dans toute ma vie, un homme meilleur que le très pieux Thibault, si ce n'est seulement le Roi votre père. » A ces mots, Philippe se mit à pleurer et, s'étant rendu à la chapelle qui renfermait les restes de Thibault, agenouillé devant son tombeau, les yeux baignés de larmes, pria Dieu avec une grande ferveur[2].

Blanche de Castille et saint Louis ont fait de fréquents séjours à Corbeil[3], dont la Chastellenie, comme

---

1. *Gallia Christiania*, ibid.

2. *Gesta S. Ludovici noni Francorum regis, authore monacho sancti Dionysii anonimo*. Ce fragment est rapporté par Duchesne dans la collection intitulée : *Historiæ scriptores Franciæ*.

3. C'est de Corbeil que sont datées les lettres par lesquelles saint Louis confie la régence à sa mère avant son départ pour la Terre sainte.

nous l'avons dit plus haut, était comprise dans le douaire de la reine Marguerite. Quand on rapproche ces circonstances de la vénération et de la reconnaissance de cette dernière pour le pieux abbé, il n'est pas téméraire de supposer, à défaut d'autres indices, que la fondation de la Chapelle dédiée à saint Thibault, sur un fief dépendant de son douaire, a été la manifestation des sentiments que cette Reine lui avait vouée[1].

Au commencement de ce siècle, la chapelle Saint-Thibault était encore debout, et les anciens habitants de Champcueil en ont conservé le souvenir. Mais elle tombait en ruines. Aussi, en fructidor an XIII, le conseil municipal demandait l'autorisation de la démolir et d'employer le prix à provenir de la vente des matériaux et de la charpente au payement de ce qui restait dû pour les réparations de la couverture de l'église. En même temps, la fabrique sollicitait, d'accord avec la municipalité, le don de la boiserie, d'un pupitre et des bancs restant dans la chapelle pour les utiliser dans l'église.

Aujourd'hui, du bois qui entourait la chapelle, il ne reste plus qu'un bouquet d'arbres entourant un pan de mur, dernier débris de l'antique construction. De la décoration intérieure, il ne subsiste qu'une plaque de marbre jadis apposée sans doute sur le

---

1. Elle survécut vingt-cinq ans à saint Louis et mourut, en 1295, au monastère des Cordelières de Saint-Marceau.

socle de l'autel édifié en l'honneur du saint, et sur laquelle on lit l'inscription suivante :

SAINT THIBAUT

9me ABBÉ DES VAUX-DE-CERNAY

CHARLES DE TOURNAN.

1611.

Le culte de saint Hubert ne pouvait être négligé dans un pays boisé et giboyeux comme Champcueil. Aussi une chapelle lui était-elle dédiée à Beauvais, hameau dépendant de Champcueil. Mais nous avons vu que cette chapelle a été vendue, le 12 brumaire an V, comme bien national, et il n'en reste plus trace aujourd'hui.

APPENDICE

—

HOMMAGES ET AVEUX

RELATIFS A LA SEIGNEURIE DE CHAMPCUEIL

I

Fouques de Marcilly tient du Roy à présent un fief, etc., etc., contenant son hostel de Chanqueille si comme il se comporte avec les jardins et cent arpens ou environ de terre, vingnes et boiz séans en plusieurs liex qui puet valoir. *Item* un hostel si comme il se comporte avec les jardins. *Item* 19 livres 15 solz parisis de cens aud.t lieu de Chanqueille. *Item* 17 solz de cens au jour des brandons avec 42 droictures au jour de l'an pour chascune droicture un minot de froment, un sextier d'avoine, 2 chapons et 4 deniers pour abuvrer. *Item* 6 solz 7 deniers maille par an. *Item* 26 solz 7 deniers à la Saint-Pierre en aoust avec plusieurs arrière fiefs.

(Archives nationales, P. 128, cote 26.)

II

A tous ceux qui ces présentes lettres verront Jehan seigneur de Folleville, chevalier, conseiller du Roy nostre sire, garde de la prévosté de Paris, salut. Scavoir faisons que par devant Guillaume le Presse et Andry le Preux, clercs notaires du Roy nostre dit seigneur, de par lui establiz en son chastelet de Paris fut personnellement establi noble homme Enguerran de Marcoignet, premier escuier descuierie de monseigneur le duc d'Orléans, lequel advoua et par ces présentes adveue à tenir en fief du Roy nostre sire à une seule foy et hommage les héritaiges cy après déclairez qui jadiz furent et appartindrent à messire Fouques de Marcilly, chevalier, et après furent aux religieux, prieur et couvent de nostre dame de Valvert-lez-Paris de l'ordre chartreuse, et à présent sont audit Enguerran qui les a achetez naguère diceulx religieux et sont assiz en la ville de Champcueille ou teroir et pays d'environ : premièrement un hostel, court, estables, jardins et un arpent de vigne et saussoy derrière, tout clos de murs, tenant d'une part à la censive de Guinette et appartenant à maistre Jacques Cornu, et d'autre part au chemin par ou len va à Corbueil et à Moncelles. *Item* 22 arpens de terres, en une pièce derrière ladite vigne tenant d'une part à la closture d'icelle vigne, et d'autre part à Ferry Postel escuier. *Item* 3 arpens et demi de vigne en beauregart, tenant d'une part audit Ferry, et d'autre part aux hoirs Jehan Homier. *Item* 12 arpens ou environ de petit boys en roches, tenant d'une part au seigneur de Noisement, et d'autre part à mademoiselle Philippe de Saint-Aignen. *Item* 6 arpens de boys ou environ assiz en Chevannes au lieu dit le bois Guierre, tenant d'une part à madame Perronnelle de Corbueil et d'autre part aux enffants feu Richart Quesnel. *Item* 4 livres parisis de menus cens, deuz chacun an le jour de saint Remy sur plusieurs héritaiges assiz au terroir dudit Champcueille. *Item*. . . . . .

. . . .

L'an 1395, le mardi 22e jour de février.

(Ibidem, P. 128, f° 126.)

III

Charles[1] par la grâce de Dieu Roy de France, à nos amez et féaulx gens de nos comptes et trésoriers à Paris, et au prévost

---

1. Charles VI (1380-1422).

de Paris ou à son lieutenant, salut et dilection. Savoir vous faisons que nostre amé Enguerran de Marcoignet, écuyer d'escuirie de nostre très cher et très amé frère le duc d'Orléans[1] nous a aujourd'hui fait son hommage lige de cent dix solz parisis[2] de rente qu'il dit avoir achetés à tousjours sur la terre de Champcueille en la chastellenie de Corbueil, auxquels foy et hommage nous l'avons receu sauf nostre droit et l'autruy. Si vous mandons, si comme à chacun de vous appartiendra, que le dit Enguerran pour cause du dit hommage à nous non fait vous ne molestez ou empeschez ou souffrez estre molesté ou empesché en aucune manié, mais si la dite rente estait ou est pour ce prinse ou empeschée lui mettez ou faites mettre sans délay à plaine délivrance. Donné à Paris, le 28ᵐᵉ jour de décembre, l'an de grâce 1398 et le 19ᵐᵉ de nostre règne.

Par le Roy,

Deriau.

(*Ibidem*, P. 1, cote xxxvi.)

IV

Loys[3] par la grâce de Dieu Roy de France, à nos amez et féaux les gens de nos comptes et trésoriers, aux prévost de Paris et bailly de Troyes ou à leurs lieutenans, et à nos procureurs et receveurs ordinaires ès dits prévosté et bailliage, salut et dilection. Scavoir vous faisons que Anthoine de Marcoignet, escuyer, nous a fait aujourd'hui au bureau en la chambre des dits comptes, les foy et homage de la terre et seigneurie de Champcueille, tenue de nous à cause de noé

---

1. Louis d'Orléans, tige des seconds Valois, assassiné en 1407 par Jean sans Peur.

2. La livre parisis, comme la livre tournois, se divisait en 20 sous, et chaque sou en 4 liards ou 12 deniers. Mais la livre parisis était plus forte que la livre tournois : elle valait 25 sous tournois. Elle fut supprimée par Louis XIV, et depuis 1667 la livre tournois eut seule cours.

3. Louis XI (1461-1483).

chastel de Corbeil; — de dix livres parisis de rente qu'il a droit de prendre chacun an en ville de Chastres[1] soulz Montlehéry, tenus de nous à cause de noé chastel de Montlehéry; — d'un autre fief assiz en noé ville de Paris, en la rue de la Harpe, chargé envers nous de cinq solz trois mailles parisis[2], tenu de nous à cause de noé chastellet de Paris, — et de cent seize arpens de bois ou environ, ensemble la Justice d'iceux, nommés les bois de Foucherez assiz au terrouer et finage de Vaucharsiz, tenus de nous à cause de nostre chastel de Troyes. A quoy il a esté receu pour et de par nous sauf noé droict et l'autruy. Si vous mandons à chacun de vous en droit soy que si pour occasion des dits foy et hommage à nous non faits, les choses dessus dites ou aucune d'icelles estaient mises en noé main ou autrement empeschées, mettez les lui ou faites mettre au délivre sans délay, pourvu qu'il sera tenu d'en bailler son adveu par escript dedans temps deu, et qu'il face et paye les autres droitz et devoirs pour ce deuz, si faits et paiez ne les a. Donné à Paris le 12ᵉ jour de novembre, l'an de grâce 1462, et de noé règne le deuzième.

Par le conseil estant en la chambre des comptes.

(Ibidem, P. 16, 5847.)

V

A tous ceulx qui ces présentes lettres verront, Jaques d'Estouteville, seigneur de Beyne, baron d'Ivry et de Saint-Andry en la Marche, conseiller chambellan du Roy nostre sire, et garde de la prévosté de Paris, salut. Savoir faisons que par devant Nicolas Contesse et Dreux Contesse, clercs notaires jurez du Roy nostre dit seigneur de par lui establiz en son chastellet à Paris, fut présent en sa personne Anthoine de

---

1. Ancien nom d'Arpajon.
2. La *maille* ou obole valait un demi-denier. Ce mot, par extension, a désigné tout objet de valeur minime. D'où l'expression n'*avoir ni sou ni maille*.

Marcoignet, escuier, seigneur du dit lieu et de Champcueille, pennetier du Roy noé sire, lequel advoa et par ces présentes adveue à tenir à une seule foy et hommage du Roy noé dit seigneur, à cause de ses chastel et chastellenie de Corbeil, les maisons, terres, héritaiges, cens, rentes, revenues et possessions immeubles cy après déclarez jadiz appartenans à feu messire Enguerran de Marcoignet, en son vivant chevalier, seigneur dudit lieu et maistre d'ostel du Roy, que Dieu absoille, et depuis à feu Jehan de Marcoignet, aussi en son vivant escuier, et seigneur du dit Marcoignet, filz et héritier du dit feu chevalier, assiz et situez en la seigneurie, terre, lieu et villaige de Champcueille, et pays d'environ. C'est assavoir ung hostel, court, coulombier et jardins contenant plusieurs édifices tout cloz de murs, tenant d'une part au chemin par lequel l'on va de Champcueille à Montceletz, et d'autre part à ung sentier par lequel on va de Champcueille aux vignes de beau regard. *Item* vingt deux arpens de terre ou environ en une pièce tenant d'une part à la closture des dits jardins. *Item* trois arpens et demi ou environ en une pièce, que vigne que terre, séans en beauregard. *Item* douze arpens de petitz bois ou environ en roche tenant d'une part au seigneur de Noisement. *Item* six arpens de bois ou environ assiz ès bois de Chevannes. *Item* est deu chacun an le jour saint père (Saint-Pierre) en aoust huit solz neuf deniers pièce parisis de cens prins sur plusieurs héritaiges assiz aud. lieu de Champcueille. *Item* vingt livres dix solz quatre deniers pár de cens deulz chacun an le jour saint Remy sur plusieurs héritaiges assis ou terouer du dit lieu. *Item* le tierz jour d'après la saint Remy est deu chacun an soixante-neuf solz huit deniers parisis sur plusieurs héritaiges assiz au terouer que dessus. *Item* le jour et feste saint Denis est deu chacun an tant cens que rente quarante solz quatre deniers parisis sur plusieurs héritaiges séans audit terouer. *Item* le jour des brandons est deu chacun an onze solz six deniers obole pár sur plusieurs héritaiges assiz en icellui terouer. *Item* cinq solz trois mailles pièce parisis deubz chacun an au jour de noé dame en mars sur plusieurs héritaiges, assiz comme dessus. Tous les dits cens portant lotz, ventes, saisines et amendes, et reviennent à présent aux sommes dessus d., mais ont esté d'ancienneté en plus grant revenue que l'en ne peut scavoir. *Item* sur chacun feu chief d'ostel dudit lieu de Champeueille pour le droit de voirie, trois œfz et ung denier chacun an le jour de Pasques excepté ceux qui ont voitture, lesquelz ne doivent point de denier. *Item* les mesures à mesurer blé et vin par en toute ladite ville de Champeueille. *Item* forage[1] et rouage[2] par toute ladite terre, c'est assavoir pour chacune queue[3] de vin vendue à taverne en la dite ville, ung sextier de vin pour forage et deux deniers par de rouage pour chacune charrette chargée en la dite ville de vin vendu en icelle. *Item* sur chacun mariage fait et gisant en la dite ville pour la première nuyt est deu deux solz parisis. *Item* toute haulte justice, basse et moyenne par et en toute la dite ville, terres et censives dessus dits. *Item* est deu chacun an le lendemain de Noel quarante-cinq droictures[4] qui ne reviennent à présent que à huit droictures, cinquante-six perches trois quarts qui vallent de revenue à présent huit sextiers, huit boisseaux et trois quarts d'avoine, deux sextiers ung boisseau et le huitième d'un minot[5]

---

1. Le forage, c'est l'action de creuser ou percer avec l'instrument appelé foret. On a, par extension, donné ce nom au droit que levait le seigneur quand ses vassaux vendaient en détail ou en gros du vin ou toute autre boisson.

2. Droit sur le vin vendu en gros, et transporté par charroi, avant que la roue tournât.

3. Futaille contenant environ 1 muid et demi. La capacité du muid variait selon les contrées et selon la nature, liquide ou solide, de la matière qu'il servait à mesurer. Celui de Paris, le plus usité de tous, valait pour les liquides, 288 pintes ou 268 de nos litres. Pour les matières sèches, il valait 18 hectolitres 73 litres quand il s'agissait de grains, 21 hectolitres 78 litres quand il s'agissait de sel, 37 hectolitres 46 litres quand il s'agissait d'avoine.

4. Le mot *droicture*, que l'on rencontre plusieurs fois dans cet aveu indique évidemment une mesure. Cependant le *Dictionnaire de Trévoux* n'en donne que la définition suivante : le droit qui est dû aux seigneurs féodaux et censuels par les nouveaux acquéreurs. *Jura prædialoria*.

5. Le setier variait selon les localités. Le setier de blé de Paris était de 12 boisseaux et contenait 1 hectolitre 59 litres. Le setier de vin valait 7 litres 41 centilitres. — Il y avait aussi le setier de terre, c'est-à-dire la

de froment, dix-sept chappons et ung quart, et deux solz dix deniers maille par pour abuyrages. *Item* soixante-sept arpens et demy de terres ou environ en nature, assis aud. terouer de Champcueille, en plusieurs pièces, les quelles tant par aubeine[1], forfaiture, faulte de propriétaire comme de cens non paiez, le dit escuier a applicquez à lui, uniz à sa table, à son fief et à son deumaine au moien de sa haulte justice et autrement. *Item* est deu chacun an le lendemain de la feste saint Denis sur plusieurs héritaiges assiz audit lieu pour tailles dix-huit solz neuf deniers par dont le dit escuier n'a de présent aucune chose. *Item* audit lieu de Champcueille ung four banier sur tous les habitants d'icelluy lieu qui est de présent en ruyne, désert et non valloir. *Item* est deu chacun an sur cinq hostisses de la dite ville cinq journées à vendanger les vignes du seigneur du dit lieu que les personnes demourans en icelles sont tenues de faire, c'est assavoir chacune hostisse une journée, qui sont appartenant aud. escuier de nulle valleur. *Item* est deu chacun an par chacune personne aïant voitture en la dite terre, une journée et trois samedis de leur voitture pour labourer les terres du seigneur dud. lieu qui sont à présent aud. escuier de nulle valleur. *Item* ensuivent les fiefz qui sont tenus du dit escuier estanz en arrière fiez du Roy noé dit seigneur à cause de lad. seigneurie de Champcueille : premièrement le fief de Veres contient une pourprinse[2] de maisons contenant plusieurs édiffices nommée Veres, assis aud. Champcueille, tenant au four bannier de lad. ville d'une part, avec trois arpens de terre derrière. *Item* vingt arpens de terre en une pièce soulz le grant   tenant au chemin de Noisement. *Item* neuf arpens de terre aux pointes de Veres tenant à la voye de Chevannes. *Item* dix arpens de terre au vivier tenant à la voye de

---

superficie de terre labourable nécessaire à l'ensemencement d'un setier de blé. — Le minot était le quart d'un setier, et contenait, par conséquent, 3 boiss.·aux.

1. Succession des étrangers non naturalisés.

2. *Pourprinse*, ou *pourpris*, signifiait une enceinte. Ce substantif était dérivé de l'ancien verbe *pourprendre* (prendre dans son entier, dans son pourtour).

Corbeil. *Item* cinq quartiers de pré soulz beauregard tenant aux hoirs Guillaume Dutertre. *Item* environ quatre arpens que bois que prez au bois commère tenant d'une part au pré boullegneau. *Item* sept arpens de terre aux prez du buisson tenant aux hoirs Philippot le Masson, — lequel fief ainsi déclaré comme dit est cy dessus est en la main du seigneur dudit lieu de Champcueille par faulte d'hommage. *Item* ung fief assiz à Chevannes quy fut jadis à feu Jehan de Gisonville escuier, puis à feu messire Simon Postel, chevalier, et à présent aux vefve et héritiers de feu maistre Giles Boulart quy contient seize sextiers de champart[1] ou environ, huit arpens de bois. *Item* sept arpens de pré ou environ. *Item* ung arrière fief contenant seize arpens qui fut aux hoirs Jehan de Cytery. *Item* le tiers du fief de Duizon que Jehan le manacher tient. *Item* le tiers du fief de Portes et ung arrière fief assiz à Chevannes, jadiz appartenant à feu Jehan de Lisle, bourgeois de Paris, depuis à feu messire Simon Postel, chevalier, et de présent aux vefve et héritiers de feu maistre Giles Boulart, contenant ung manoir estant à présent en masures, jardins, avecques cent dix arpens de terre ou environ, neuf livres de menus cens ou environ et huit droictures. *Item* ung autre fief qui jadiz fut à feu maistre Oudart Lenoir, depuis à feu messire Simon Postel, chevalier, et de présent aux vefve et héritiers de feu maistre Giles Boulart, assiz au dit lieu de Chevannes, lequel fief contient seize solz de menus cens, quatre sextiers de blé, quatre sextiers d'avoyne à la feste aux morts, sept livres de cens à la feste saint Denis, quarante solz de cens le jour des morts, seize solz de cens à la feste nostre dame en mars, huit droictures le lendemain de Noel, seize arpens de bois, trois arpens de vigne nommés le cloz d'Auxerre, et ung quartier à la croix dessus l'orme. *Item* ung autre fief assiz audit lieu de Chevannes, lequel jadis soulait[2] tenir feu Jehan de Gandonviller, depuis à la femme feu Robert de Gandonviller, et de présent le tiennent les vefve et

---

1. Pothier définit le champart « une redevance consistant dans une certaine portion de fruits recueillis sur l'héritage qui en est chargé. »

2. Imparfait de *souloir*, avoir coutume, verbe dérivé du latin *solere*.

héritiers de feu maistre Gilles Bollart, et contient icellui fief
une pourprinse de masures, granche et jardin, une autre masure derrière le moustier, jardin et pourpris d'icelle, le droit
de cuyre et faire cuyre franchement au four du dit Chevannes
les demourans es dessus dits pourprins, quatre vingt sept
arpens de terre ou environ, et les saulsoyes et marchais estant
en plusieurs pièces, deux arpens et demi quartier de pré, deux
muyds de grain de champart ou environ, neuf solz de cens
receuz à Corbueil le jour saint Remy, dix huit livres dix solz
unze deniers de cens receus à Chevannes le jour saint Denis,
vingt sept solz de cens le jour de nostre dame en mars, tous
portans lotz, ventes, saisines et amendes, vingt huit sextiers
d'avoyne ou environ de coustumes receuz le jour de nostre
dame en mars, soixante six arpens de bois ou environ assiz
ès bois de Chevannes, nommés les bois du brueil, six arpens
de petit bois en roches, ung arrière fief qui est les deux parts
du moulin de cenlisses, ung autre arrière fief qui est les deux
parts du fief de Chastillon assiz à Duizon. *Item* ung autre fief
qui jadiz fut à feu Pierre de Cornillon, et depuis à damoiselle
Philippe de Saint-Aignen, sa femme, assiz à Montcelletz, qui
contient un pourprins de masures et jardins avec onze livres
dix solz de cens receuz à Montcelletz le jour saint Denis, quinze
solz de cens le jour de saint Remy, cinq solz de cens le jour
de nostre dame en mars, seize solz de cens le lendemain de
Pasques, unze droictures le jour de l'an, deux muyds de grain
de champart ou environ, ung arrière fief contenant les deux
parts du fief quy fut Thevenon de Bourroy, assiz à Portes,
ung autre arrière fief contenant les deux parts du fief que Jehan
le Maistre d'Auvergneaux soulait tenir dud. Jehan à Portes,
lequel fief est de présent en la main dud. escuier. *Item* ung
autre fief qui jadiz fut Giles de Sotourt, depuis à feu messire
Giles le Gallois, chevalier, et depuis à Sauvaige de Goncourt,
escuier, à cause de sa femme, et contient icelui fief quatorze
arpens de terre en plusieurs pièces au terouer dud. Chevannes,
vingt solz de rente sur le cens de Gizonville et vingt solz de
rente sur les cens de Coquatrix receuz à Chevannes, lequel est
en la main du dit escuier par faulte d'hommage. *Item* ung autre

fief qui fut à feu Simon de Langres, bourgeois de Paris, contenant huit arpens de terre assiz à Saint-Fargel, et ung petit arrière fief comme dessus estant en la main du dit escuier par faulte d'hommage. *Item* ung autre fief qui jadiz fut à feu messire Jehan de Nemoz, chevalier, et depuis à feu Jehan Bras-de-fer, bourgeois de Corbueil, assiz à Chevannes, contenant le four banier de tous les habitants d'icelle ville, de présent estant en masure, en la main dud. escuier par faulte d'hommage. *Item* ung autre fief que tint feu Adam de Beauce, contenant cinq arpens assiz au terouer de Monceaulx, de présent estant comme dessus en la main du dit escuier par faulte d'hommage. *Item* ung autre fief que tint feu Perrot Loisiau contenant demie droicture assiz à Moncelletz, trois solz de cens et un pou de champart comme dessus, estant en la main dud. escuier par faulte d'hommage. *Item* ung autre fief assiz à Chevannes, que tint jadis Guillaume Marie, et depuis feu Simon Papron, contenant la moitié des nombraiges quy furent Bouterœ, le tiers du fief de Duizon, le tiers du moulin de Montgizon et la moitié du fief de Portes, de présent estant en la main du dit escuier par faulte d'hommage. *Item* ung autre fief que jadiz tint feu Jehan le page, et depuis le tinrent les enffants feu Guillaume Langlois, contenant deux arpens de terre assiz à Moucy-Allouant, tenant aux hoirs feu Jehan Pizdoe d'une part, et à Jehan Gauldry d'autre part. *Item* arpent et demi de terre assiz au bois du temple, tenant d'une part aud. Gauldry et à Massy Bouguereau d'autre. *Item* arpent et demi de terre audessuz du moulin de Palluo, tenant d'une part à Adam le Fèvre et à Guillot du tertre, d'autre comme dessus, de présent estant en la main dudit escuier par faulte d'hommage. *Item* ung autre fief qui jadiz fut à feu Jehan Arroust l'aisné, depuis à Gaucher de Vannes, depuis à Godesfroy Quipié, et à présent le tient maistre Audry de Mauregard à cause de sa femme, assiz à Chevannes, contenant une pourprinse de masures et jardins près du moustier, cinquante arpens de terre et quatre livres parisis que tailles que menus cens. *Item* ung autre fief qui jadiz fut à feu Ferry Postel, escuier, et à présent le tiennent les vefve et héritiers de feu Charles Postel, escuier, assis à Champcueille, contenant trente arpens de terre en une pièce au lieu dit Chipanz. *Item* un autre fief qui jadiz fut à feu messire Gassé de Poissy, chevalier, depuis à Pietrement de Sargnies, escuier, depuis à messire Denis du Tresnel, chevalier, et de present le tient Pierre de Bresves, escuier, contenant quatre livres de cens receuz à Champcueille le jour saint Remi et le dimanche ensuivant, seize sextiers moitié blé moitié avoyne receuz aud. Champcueille le dit jour de dimanche, six droictures trois quarts et demy sur. plusieurs héritaiges assis audit lieu de Champcueille et de Chevannes, et unze arpens de terre en friche audessus du moulin à vent. *Item* ung autre fief que jadiz tint feu Richart Quesnel contenant seize arpens de bois assiz es bois de Chevannes, et quatre arpens de bois au bois as roches, et est de présent tenu par les chantre, chanoines, abbé et chapitre de saint Spire de Corbeil. *Item* ung autre fief nommé Longuetoise assiz en la paroisse de Chalo-saint-Mars que jadiz tindrent feux Mathurin Ramcier, Robinet de Puyseletz et Jehan de Glaises, et de présent détient Guillaume de Pouville, escuier, contenant tout le lieu et villaige d'icellui, deux arpens et demy en masures, terres et jardins, ung quartier de pré, huit sextiers de terre à Longueroye, trois mines de Tressevaulx, un quartier de saulsoye audessus du four, demy arpent de vigne, cinquante trois solz quatre deniers de cens portant lotz, ventes, saisines et amendes, et quatorze arpens de garenne.

Et se plus en y avait ou à icellui escuier en advoua et adveue à tenir en foy et hommage du Roy nostre sire à la cause que dessus. En protestant par lui de ce présent adveu accroistre, augmenter ou diminuer se mestier est.

En tesmoing de ce, Nous, à la relation des diz notaires jurés avons mis le scel de la dite prévosté de Paris à ces présentes lettres d'adveu, lesquelles furent faictes l'an de grâce 1481, et le dimanche 24ᵐᵉ jour du mois de juing.

N. Contesse.   D. Contesse.

(Ibidem, P. 271, 51.)

VI

Loys[1] par la grâce de Dieu Roy de France, à nos âmez et féaulx gens de noz comptes et trésoriers à Paris, au prévost de Paris et à son lieutenant, et à nos procureur et receveur ordinaires en la prévosté et vicomté de Paris ou à leurs substitut et commis, salut et dilection. Savoir vous faisons que notre bien amé maistre Raoul Bollart, advocat en notre court du parlement, Nous a cejourd'hui fait au bureau de notre chambre des comptes les foy et hommage qu'il nous estait tenu faire de la terre et seigneurie de Champcueille et d'un fief assis à Paris en la rue de la Harpe montant quinze solz neuf deniers parisis de menuz cens et de leurs appartenances et appendances, tenus et mouvans de nous, c'est à scavoir : la dite terre de Champ-cueille à cause de noé chastel et chastellenie de Corbueil, et les dits quinze solz neuf deniers parisis de menuz cens en plain fief à cause de notre chastelet de Paris. Auxquels foy et hommage ledit Bollart a esté receu sauf nostre droit et lautruy. Si vous mandons et à chacun de vous, si comme à luy appartiendra, que si pour cause des dits foy et hommage non faits les dits terre et seigneurie et cens dessuz déclarez ou aucune de leurs dites appartenances et appendances sont ou estaient mis en noé main ou austrement empeschez vous les mettez ou faites mettre au délivre incontinant et sans délay, pourveu que dedans temps deu il en baille par escript en noé chambre des comptes son adveu et dénombrement, et face et paie les autres droiz et devoirs.

Donné à Paris le premier jour de décembre l'an de grâce 1506 et de notre règne le neuvième.

Par le conseil estant en la chambre des comptes.

BADONVILLEZ.

(*Ibidem*, P. 2, 561.)

---

1. Louis XII (1498-1515).

L'aveu de la seigneurie de Champceuil par Raoul Bollart
est du 22 décembre 1506.

(Ibidem P. 65', 2764).

VII

François, par la grâce de Dieu Roy de France. A nos amés
et féaux. salut et dilection.
Savoir vous faisons que noé amé maistre Raoul Bollart,
advocat en noé court de parlement à Paris, Nous a cejourd'hui
fait au bureau de noé chambre des comptes les foy et hommage
qu'il nous estait tenu faire pour raison de la terre et seigneurie
de Champceuille et d'un fief assis en notre ville de Paris, rue
de la Harpe, qui consiste en quinze solz neuf deniers parisis de
menuz cens, leurs appartenances et dépendances, tenus et
mouvans de nous, c'est à scavoir la dite terre et seigneurie de
Champceuille à cause de nostre chastel et chastellenie de
Corbueil, et les quinze solz neuf deniers susdits de menus cens
en plain fief, à cause de noé chastelet du dit Paris. Auxquels
foy et hommage le dit maistre Raoul Bollart a esté reçu sauf
noé droit et l'autruy. Si vous mandons. . . . .

A Paris le 5ᵐᵉ jour de may l'an de grâce 1515, et de noé
règne le premier.

(Ibidem, P. 2, 626).

[Cet hommage est identique au précédent. Il a été né-
cessité par l'avènement de François Iᵉʳ. L'hommage étant
un engagement personnel, était fait par tout propriétaire
nouveau, et renouvelé après chaque changement de règne.]

VIII

François, par la grâce de Dieu Roy de France. A nos amés
et féaux gens de nos comptes et trésoriers à Paris. . . . . . .
. . . .
Scavoir vous faisons que noé bien amé Gilles Boullart, escuier,

4*

Nous a cejourd'hui fait au bureau de noë chambre des comptes les foy et hommage qu'il nous estait tenu faire pour raison de la terre et seigneurie de Champcueille, tenus et mouvans de nous à cause de noë chastel et chastellenie de Corbueil. *Item* d'un fief montant quinze solz neuf deniers par de menus cens assiz en la rue de la Harpe en noë ville de Paris, tenus et mouvans de nous à cause de noë chastelet du dit Paris. Le tout à lui advenu et escheu par le trespas de feu Mᵉ Raoül Boullard, en son vivant advocat en notre court de parlement, son père. A quoy il a été receu sauf noë droit et l'autruy. Si vous mandons . . . .

. . . .

Donné à Paris le 16ᵉ jour d'avril, l'an de grâce 1545 avant Pasque, et de noë règne le 32ᵐᵉ.

(Ibidem, P. 3, 868).

IX

Charles[1], par la grâce de Dieu Roy de France. A nos amés et féaux. . . . . Scavoir vous faisons que noë cher et bien amé Nicolas Bollart, seigneur de Champcueil, Nous a cejourd'huy fait au bureau de notre chambre le foy et hommage qu'il nous estait tenu faire pour raison de la dite terre et seigneurie de Champcueil, ses appartenances et dépendances, tenus et mouvans de nous à cause de nostre chastellenie de Corbeil. et à lui appartenans par les trespas de ses feuz père et mère. A quoy il a esté reçu sauf noë droit et l'autruy. Si vous mandons. . . . .

. . . .

Donné à Paris le premier jour d'avril, l'an de grâce 1574, et de nostre règne le 14ᵉ.

(Ibidem, P. 4, 1112).

---

1. Charles IX (1561-1574).

X

Je Nicolas Bollart, escuier, seigneur de Champcueil, advoue
tenir du Roy notre sire à une seule foy et hommage ma terre
et seigneurie de Champcueil hors mis un quart et un seizième
en la totalité appartenant à messire Jehan Bollart, advocat en
parlement, avec droict de haulte justice, moyenne et basse, à
cause de son chastel et chastellenye de Corbeil, et consistant
ladite terre en ce qui s'ensuit :

Premièrement audit droict de haulte justice, moyenne et
basse par en tout ledit villaige dud. Chamqueil, pour l'exercice
de laquelle je commets prévost, greffier, procureur fiscal, ser-
gens et autres officiers nécessaires pour rendre justice à tous
les habitants estans en et audedans dudit lieu de Chamqueil,
et *ay fourches patibulaires eslevées et ung carquant.*

En une maison seigneuriale dudit Chamqueil qui fut à
messire Enguerrand de Marcoignet, chevalier, depuis à Anthoine
de Marcoignet et Marguerite de Marcoignet, depuis à messire
Raoul Bollart, mon ayeul, et dernièrement à Gilles Bollart,
mon père, laquelle maison se consiste en grand corps d'hostel,
court, collombier, jardins, *prisons*, granges, pressoirs, foullerye,
le tout clos à murs, tenant d'une part au chemin par lequel on
va de Chamqueil aux Monsseletz, et d'autre part à ung sentier
par lequel on va dudit lieu aux vignes de beauregard.

Plus quarante neuf arpens de terre ou environ en une pièce
tenant d'une part à la closture desdits jardins.

Plus trois arpens et demy en une pièce tant vignes que
terres séant au Beauregard. . . . .
. . . .
. . . .
. . . .

A Paris, le 13 juillet 1574.

(Ibidem, P. 71. 3,300.)

XI

'Charles, par la grâce de Dieu, Roy de France. . . . .

. . . .

Scavoir vous faisons que notre cher et bien amé messire Jehan Bollart, advocat en nostre court de parlement, Nous a cejour-d'hui faict au bureau de notre chambre des comptes les foy et hommage qu'il nous estait tenu faire pour raison d'ung quart et une seizième partie en la tottalité de la seigneurie et haulte justice de Champcueille, leurs appartenances et dépendances, tenùs et mouvans de nous à cause de nostre chastel et chastellenie de Corbeil, et à luy appartenant par le trespas et succession de feu   Bollart, son père. A quoy il a esté reçu sauf nostre droict et l'autruy. Si vous mandons . . . .

. . . .

Donné à Paris le 19ᵐᵉ jour de may, l'an de grâce 1574, et de notre règne le 14ᵐᵉ.

(Ibidem, P. 4, 1117.)

XII

Je Jehan Bollart, advocat en la court de parlement, seigneur pour un quart et un seizième en la seigneurie et haulte justice de Champcueille, advoue tenir à une seule foy et hommage du Roy, à cause de son chastel et chastellenie de Corbeil, les hé-ritaiges et revenuz cy-après déclarez. C'est assavoir : une maison, court, grange, jardin et terres contenant deux arpens en un pourpris tenant d'une part à ma maison, d'autre aux hoirs Gilles Bollart, d'un bout sur la rue de la croix de boys, d'autre sur le sentier de Beauvais, — plus trente deux arpens de terre assis à Noysement, au territoir et finage de Champ-cueille, tenant au   de Noysement à Malevoisine, d'autre au chemin tendant de Mondeville à Corbeil, d'un bout sur les terres de Malevoisine, d'autre sur les hoirs Gilles Croulibois.

— Plus six arpens au lieu dit beauregard, tenant aux hoirs Gilles Bollart, d'autre audit beauregard, d'un bout sur le sieur de Villeroy, d'autre sur les hoirs Gilles Bollart. . . . .

Fait à Paris le 16 juin 1574.

(Ibidem, P. 71, 3297.)

XIII

Henry[1], par la grâce de Dieu, Roy de France et Navarre, etc. . . . . Scavoir vous faisons que notre très cher et féal conseiller en nos conseils d'estat et privé, maistre des Requestes ordinaires de nostre hostel, messire Martin Langlois, seigneur de Beaurepaire et de Lisses, et conseigneur de la terre et seigneurie de Champcueil, Nous a cejourd'hui fait au bureau de notre dite chambre les foy et hommage, en son nom et à cause de dame Marguerite Bollart et aussy comme procureur et aiant charge de damoiselle Magdelaine Bollart, vefve de deffunct Jean Belin, escuyer, seigneur de Chevry, — damoiselle Catherine Bollart, vefve de feu Marin de Melun, escuier, seigneur de Savigny, — damoiselle Antoinette Bollart, séparée d'avec Nicolas Lesueur, escuier, seigneur de Maulny, — damoiselle Françoise Bollart, vefve de feu Me George Dancu, vivant nostre conseiller et auditeur en nostre dite chambre, — François Estienne, escuier, seigneur des Belles, à cause de damoiselle Claude Bollart, les dites Magdelaine, Antoinette et Françoise Bollart, et le dit sieur des Belles aussy à ce présent, — qu'ils, esdits noms, nous estaient tenus faire pour raison de chastel seigneurial, fief, terres et seigneurie, haulte, basse et moienne justice de Champcueille, ses appartenances et dépendances, en ce qui leur en appartient, comme mouvans de nous à cause de nostre comté de Corbeil, et aux susnommés advenus par le décez et trespas de nostre bien amé Gilles Bollart, escuier sieur dudit Champcueille, père, et de Lazare Bollart, aussy escuier, frère des dites damoiselles, suivant les partages et cessions faictes entre eulx. Et outre a ledit sieur Langlois aud. nom

---

faict offre de 3oo livres pour le relief deub par le trespas dud. Lazare, pour ce qui lui appartenait, de la jouissance de l'année ou du dire d'experts, suivant et au désir de nostre coustume de Paris, mesme de nous bailler adveu et dénombrement des choses susd. dans le temps porté par icelle. Auxquels foy et hommage

. . . .

Donné à Paris, le unzième jour de janvier, l'an de grâce 1610, et de nostre reigne le 21ᵉ.

(Ibidem, P. 4, 1325.)

XIV

Louis[1] par la grâce de Dieu, Roy de France et de Navarre, à nos amez et féaulx . . . . salut. Scavoir vous faisons que nostre amé et féal messire Nicolas Dereufville, chevalier, seigneur de Villeroy, Maigny, Halincourt et château sur Epte, baron de Bury, conseiller en nostre conseil d'Estat et premier secrétaire de nos commandemens, Nous a cejourd'huy personnellement ès mains de noë très cher et féal chancelier, faict et presté les foy et hommage qu'il nous est tenu faire et prester pour raison des acquisitions qu'il a faictes de la terre et seigneurie d'Ormoy et de quelques portions de la terre et seigneurie de Chancueil dont le reste appartient aud. sieur de Villeroy, tenues et mouvantes de nous à cause de nostre comté de Corbeil. Auxquels foy et hommage nous l'avons receu sauf nostre droict et l'autruy. Sy vous mandons . . . . Car tel est nostre plaisir.

Donné à Paris le 10ᵉ jour de février l'an de grâce 1612 et de notre règne le deuxième.

Par le Roy en son conseil :

ROUSSEL.

(Ibidem, P. 4, 1328.)

---

1. Louis XIII (1610-1643).

Fontainebleau. — E. BOURGES, imprimeur breveté.